# Momentos de reflexão

# Momentos de reflexão

Francisco Cândido Xavier

pelos espíritos André Luiz e Emmanuel

*1ª reimpressão*

Academia

Todos os textos de Chico Xavier pelos espíritos de André Luiz e Emmanuel utilizados neste livro foram cedidos pela FEB – Federação Espírita Brasileira.

**Edição:** Wally Constantino
**Colaboração:** Sonia Regina Pereira
**Revisão:** Ana M. Souza
**Projeto gráfico de capa e miolo:** José Rodolfo Arantes

**CIP-BRASIL. CATALOGAÇÃO NA PUBLICAÇÃO**
**SINDICATO NACIONAL DOS EDITORES DE LIVROS, RJ**

E46m

Emmanuel (Espírito)
Momentos de reflexão / ditado pelos espíritos Emmanuel e André Luiz [psicografado] por Francisco Cândido Xavier. - 1. ed. - São Paulo : Planeta, 2014.
304 p. ; 12 cm.

Inclui bibliografia
ISBN 978-85-422-0262-5

1. Obras psicografadas. 2. Espiritismo. I. Título.

13-06716 CDD: 133.93
CDU: 133.9

2014

EDITORA PLANETA DO BRASIL LTDA.
Rua Padre João Manuel, 100 - 21° andar - Conj. 2101 e 2102
Edifício Horsa II - Cerqueira César
01411-901 - São Paulo - SP
www.editoraplaneta.com.br
atendimento@editoraplaneta.com.br

Este livro foi composto em Adobe Jenson Pro
para a Editora Planeta do Brasil em setembro de 2014.

# Apresentação

Esta coletânea de frases e pensamentos, psicografados pelo famoso médium Chico Xavier, serve a qualquer pessoa: os textos trazem palavras de apoio e conforto aos que sofrem, de incentivo e otimismo aos que esmorecem, de bom senso e sabedoria aos que desejam evoluir.

São centenas de mensagens inspiradoras para ler em sequência ou, se o leitor preferir, aleatoriamente, como em um agradável passeio pelo livro, quando se está em busca de orientação. Mensagens enriquecedoras, profundas e reconfortantes que servirão, no mínimo, para um precioso momento de reflexão.

Nascido a 2 de abril de 1910, o mineiro Francisco Cândido Xavier manifestou, desde muito cedo, diferentes habilidades paranormais, como a capacidade de se comunicar com entidades imperceptíveis aos outros, que lhe davam conselhos e orientações. Aos 17 anos começou a estudar o espiritismo e, seguindo instruções de chamados "espíritos mentores", iniciou-se na psicografia – aptidão atribuída a certos médiuns de escrever mensagens ditadas por espíritos.

A dedicação de Francisco a esta prática resultaria em uma produção de mais de 400 títulos publicados no Brasil e no exterior, psicografados durante uma vida inteira voltada ao estudo, à divulgação da Doutrina Espírita, ao atendimento e à assistência espiritual e material aos seus semelhantes.

Chico Xavier, como ficou conhecido, sempre afirmou que não era o autor de nenhum desses livros e jamais usufruiu do dinheiro arrecadado com a venda das obras, cedendo os direitos autorais e quaisquer outros rendimentos para instituições de caridade e organizações espíritas.

Apesar das críticas e dos opositores, o médium continuou sereno e determinado em seu trabalho mediúnico e assistencialista, sem jamais perder a fé no ser humano ou duvidar do apoio de seus amigos espirituais. Ao longo dos anos, Chico Xavier teve o privilégio de conhecer entidades ilustres como Emmanuel e André Luiz, dois espíritos evoluídos que lhe transmitiram, pela psicografia, centenas de mensagens repletas de sabedoria e bênçãos, algumas delas selecionadas para esta obra.

*Os Editores*

# Destino

Nos achamos indissoluvelmente ligados às nossas próprias obras. Nossos atos tecem asas de libertação ou algemas de cativeiro, para a nossa vitória ou nossa perda. A ninguém devemos o destino senão a nós próprios.

# Inspiradores

Pensa naqueles que perseveraram no bem para que o mal não te dominasse o caminho, e, abraçando o trabalho que te cabe na edificação da Humanidade Melhor, compreenderás que o mundo não deve coisa alguma aos que passaram por ele cogitando unicamente de si.

# Conquista

Não se conhece nenhuma conquista que chegasse ao espírito sem apoio na prática. Aceitemos, assim, as nossas dificuldades por ocasiões preciosas de ensino, sobretudo no relacionamento uns com os outros. Nesse sentido, os que nos contrariam se nos mostram como sendo os melhores instrutores.

# Meditação

Ante a exposição da verdade, não te esquives à meditação sobre as luzes que recebes. Quem fita o céu, de relance, sem contemplá-lo, não enxerga as estrelas; e quem ouve uma sinfonia, sem abrir-lhe a acústica da alma, não lhe percebe as notas divinas.

# Lei

Só uma lei existe e sobreviverá aos escombros da inquietação do homem – a lei do amor, instituída por meu Pai, desde o principio da criação...

# Vida

A vida não cessa. A vida é fonte eterna, e a morte é o jogo escuro das ilusões.

# Desatar

Quando a câmara permanece sombria, somos nós quem desata o ferrolho à janela para que o sol nos visite. Dediquemos algum esforço à graça da lição e a lição nos responderá com as suas graças.

# Silêncio

Guardemos cuidado toda vez que formos visitados pela inveja, pelo ciúme, pela suspeita ou pela maledicência. Casos intrincados existem nos quais o silêncio é o remédio bendito e eficaz, porque, sem dúvida, cada espírito observa o caminho ou o caminheiro, segundo a visão clara ou escura de que dispõe.

# Desculpar

Somente na desculpa incessante de nossas faltas recíprocas, com o amparo do silêncio e com a força da humildade, é que atingiremos, em passo definitivo, o reino do eterno bem com a ausência de todo mal.

# Marchar

Quantas vezes seremos constrangidos a pisar sobre espinheiros da calúnia? quantas vezes transitaremos pelo trilho escabroso da incompreensão? quantos aguaceiros de lágrimas nos alcançarão o espírito? quantas nuvens estarão interpostas, entre o nosso pensamento e o Céu, em largos trechos da senda? Insolúvel a resposta. Importa, contudo, marchar sempre, no caminho interior da própria redenção, sem esmorecimento.

# Recomeço

Não olvides que a própria noite na Terra é uma pausa de esquecimento para que aprendamos a ciência do recomeço, em cada alvorada nova.

# Oração

Por maior que seja o erro em que estejamos incursos, reiniciemos pacientemente a tarefa em que nos malogramos, recorrendo à oração. Em verdade, ninguém pode substituir-nos no esforço que é nosso, mas todo esforço somado à oração quer dizer: nós com Deus.

# Imortalidade

Todos somos viajores do Universo com encontro marcado numa só estação de destino – a perfeição na imortalidade. À face disso, e levando em consideração que nos achamos individualmente em marcos diferentes da estrada, se queremos auxiliar aqueles a quem amamos, e abençoá-los com o nosso afeto, cultivemos, à frente deles, a coragem de compreender e a paciência de esperar.

# Espírito Divino

Os dons diferem, a inteligência se caracteriza por diversos graus, o merecimento apresenta valores múltiplos, a capacidade é fruto do esforço de cada um, mas o Espírito Divino que sustenta as criaturas é substancialmente o mesmo.

# Justiça

Se a sabedoria de nosso Pai Celeste não prescinde da justiça para evidenciar-se, essa mesma justiça não se revela sem amor. Se somos vítimas de nós mesmos, somos igualmente beneficiários da Tolerância Divina, que nos descerra os santuários da vida para que saibamos expiar e solver, restaurar e ressarcir.

# Compreensão

Escutarás muita gente a falar de compreensão e talvez que, sob o reflexo condicionado, repetirás os belos conceitos que ouviste, através de preleções que te angariarão simpatia e respeito. Entretanto, se não colocares o assunto nas entranhas da alma, situando-te no lugar daqueles que precisam de entendimento, quase nada saberás de compreensão, além da certeza de que temos nela preciosa virtude.

# Gotas

A chuva, derramando-se em gotas, fertiliza o solo e sustenta bilhões de vidas.

# Alma

O grande rio tem seu trajeto, antes do mar imenso. Copiando-lhe a expressão, a alma percorre igualmente caminhos variados e etapas diversas, também recebe afluentes de conhecimentos, aqui e ali, avoluma-se em expressão e purifica-se em qualidade, antes de encontrar o oceano eterno da sabedoria.

# Erro

Quando o erro apareça em nossa área de ação, recordemos o motorista diligente que se atira a conserto e não a queixume, ante o carro enguiçado, e estabeleçamos primeiramente a pausa de revisão.

# Ouvir-se

Seja qual seja a dificuldade em que te vejas, abstém-te de carregar o fardo das aflições e das perguntas sem remédio. Penetra no silêncio da própria alma, escuta os pensamentos que te nascem no próprio ser e reconhecerás que a solução fundamental de todos os problemas da vida surgirá de ti mesmo.

# Aperfeiçoamento

Aperfeiçoamento pede esforço.

# Área própria

Se os entes queridos não nos compartilham gostos e opiniões, eis-nos irritadiços ou estomagados, reclamando contra a vida; todavia, a paz da alma requisita compreensão, e a compreensão conhece que cada um de nós tem a sua área própria de interesse e de ideais.

# Humildade

Cultivemos a humildade, aprendendo a valorizar o esforço de nossos irmãos. Saibamos reconhecer, conscientemente, que todos somos necessitados uns dos outros para atingir o alvo a que nos propomos, nas trilhas da evolução.

# Estudar

Entesourar os recursos da inteligência, mas reconhecer que a cultura intelectual, só por si, nem sempre é fundamento absoluto na obra de sublimação do espírito. [...] Conservar a certeza do que ensina, mas estudar sempre, a fim de ouvir com equilíbrio, ver com segurança, analisar com proveito e servir mais.

# Movimentação

Precisamos, sim, da cultura que aprimora a inteligência, da justiça que sustenta a ordem, do progresso material que enriquece o trabalho e de assembleias que favoreçam o estudo; no entanto, toda a movimentação humana, sem a luz do amor, pode perder-se nas sombras...

# Progresso

O progresso comum é comparável a edifício em cujo levantamento cada um de nós tem a parte de trabalho que lhe corresponde, e não se diga que, pelo fato de ser a nossa atividade, muitas vezes, suposta pequenina, venha, por isso, a ser menos importante.

# Provação

Muitas vezes, a calúnia que te persegue é a força que te renova a resistência para a vitória no bem e, quase sempre, a provação que te sitia no cárcere do infortúnio é apenas o aprendizado benéfico a soerguer-te das trevas para a luz.

# Opinião

Se perguntássemos ao grão de trigo que opinião alimenta acerca do moinho, naturalmente responderia que dentro dele encontra a casa de tortura em que aflige e sofre; no entanto, é de lá que ele se ausenta aprimorado para a glória do pão na subsistência do mundo.

# Dívidas

Achamo-nos imbuídos do sonho de renovação e paz, aspirando à imersão na Vida Superior, entretanto, quem poderia adquirir respeitabilidade sem quitar-se com a Lei? Ninguém avança para a frente sem pagar as dívidas que contraiu.

# Doentes

Guarda em tua própria casa, tanto quanto puderes, os parentes portadores de provações e não lhes decretes o exílio, ainda mesmo a preço de ouro. Apoia-os, qual se mostrem, com as necessidades e lutas que lhes marcam a existência, na certeza de que todos eles são tesouros de Deus, em tarefas sob a tua responsabilidade, ante a assistência e a supervisão dos Mensageiros de Deus.

# Arrependimento

Acalma-te, pois. Aproveita os tesouros do arrependimento, guarda a bênção do remorso, embora tardio, sem esquecer que a aflição não resolve problemas.

# Vida interior

Bom-gosto, harmonia e dignidade na vida exterior constituem dever, mas não nos esqueçamos da pureza, da elevação e dos recursos sublimes da vida interior, com que dirigimos para a Eternidade.

# Por si só

Pessoa alguma consegue, a rigor, realizar, por si só, obra estável e prestante.

# Valores

Cada criatura transporta em si mesma os valores que amealha na vida. [...] A riqueza real é atributo da alma eterna e permanece incorrutível naquele que a conquistou. Por isso mesmo reconhecemos que o ouro, a fama, o poder e a autoridade entre os homens são meras expressões de destaque efêmero.

# Frutificação

Se plantares o bem, o tempo se incumbirá da germinação, do desenvolvimento, da florescência e da frutificação, no instante oportuno. Não analises, destruindo. O inexperiente de hoje pode ser o mentor de amanhã.

# Mortos

Reverencia aqueles que partiram na direção da Vida Maior, mas converte saudade e pesar em esperança e serviço ao próximo, trabalhando com eles e por eles [...], porquanto eles todos, acima de tudo, são companheiros renovados e ativos, aos quais fatalmente, um dia, te reunirás.

# Aconselhar-se

Não te aconselhes com a facilidade humana para a solução dos problemas que te inquietam a alma. Realização pede trabalho. Vitória exige luta.

# Conversão

Alimenta a "boa parte" do teu irmão e segue para diante. A vida converterá o mal em detritos e o Senhor fará o resto.

# Defesa

Toda a nossa defesa, neste mundo, está em Deus, porque só ele é o Criador de toda a vida e somente ele pode pôr e dispor de nossos destinos.

# Acomodar-se

Seja qual for a experiência em que te situas, na Terra, lembra-te de que ninguém recebe um berço entre os homens para acomodar-se com a inércia, no desprezo deliberado às leis que regem a vida.

# Ação

O único sinal que te revelará a condição mais nobre estará impresso na ação que desenvolveres na vida, a fim de executar-lhe os desígnios, porque, em verdade, não adianta muito ao aperfeiçoamento o ato de acreditar no bem que virá do Senhor e sim a diligência em praticar o bem, hoje, aqui e agora, em seu nome.

# Conforto

Não permitas que a ideia comodista de conforto a ti mesmo te inutilize a capacidade de auxiliar.

# Realização

Quando alguém deseja algo ardentemente, já se encontra a caminho da realização. [...] Convém não esquecer, contudo, que a realização nobre exige três requisitos fundamentais, a saber: primeiro, desejar; segundo, saber desejar; e, terceiro, merecer, ou, por outros termos, vontade ativa, trabalho persistente e merecimento justo.

# Criações

O Céu representa uma conquista, sem ser uma imposição. A Lei Divina, alicerçada na justiça indefectível, funciona com igualdade para todos. Por esse motivo, nossa consciência reflete a treva ou a luz de nossas criações individuais.

# Laços

Se deixaste, pois, por devoção a Jesus, os laços que te prendiam às zonas inferiores da vida, recorda que, por felicidade tua, recebeste do Céu a honra de ajudar, a prerrogativa de entender e a glória de servir.

# Simpatia

Antes de amparar os que amamos, é indispensável estabelecer correntes de simpatia. Sem a cooperação, é impossível atender com eficiência. O camponês que cultiva a terra alcança a gratidão dos que saboreiam os frutos.

# Descanso

Não esperes por descanso externo, quando não tiveres a paz dentro de ti.

# Comunhão

Se cresceste em experiência ou em elevação de qualquer espécie, lembra-te da comunhão fraternal com todos. O Sol, com seus raios de luz, não desampara a furna barrenta e não desdenha o verme.

# Elo

Lembrar-te-ás de que a vida não te constitui privilégio e de que é apenas um elo na corrente infinita das criaturas que integram a família universal.

# Ócio

Quando esta ou aquela pessoa te requisite o descanso, sem que a tua consciência acuse fadiga, não acredites nessa ilusão. A ferrugem do ócio consome o arado muito mais que a movimentação no serviço.

# Riquezas

O homem comum está rodeado de glórias na Terra, entretanto, considera-se num campo de vulgaridades, incapaz de valorizar as riquezas que o cercam. Cego diante do espetáculo soberbo da vida que lhe emoldura o desenvolvimento, tripudia sobre as preciosidades do mundo, sem meditar no paciente esforço dos séculos que a Sabedoria Infinita utilizou no aperfeiçoamento e na seleção dos valores que o rodeiam.

# Paciência

Paciência, em verdade, é perseverar na edificação do bem, a despeito das arremetidas do mal, e prosseguir corajosamente cooperando com ela e junto dela, quando nos seja mais fácil desistir.

# Empréstimos

Patrimônios materiais e riquezas da inteligência, [...] afeições e rótulos honoríficos de qualquer procedência são de propriedade do Todo-Misericordioso, que no-los concede a título precário, a fim de que venhamos a utilizá-los no aprimoramento de nós mesmos, marchando nas largas linhas da experiência, de modo a entrarmos na posse definitiva dos valores eternos, sintetizados no Amor e na Sabedoria.

# Trabalhar

Haja o que houver, não te interrompas, na tarefa da execução, para ouvir sarcasmo ou censura. Oferece o melhor de ti aos que te compartilham a estrada, e, conservando a consciência tranquila, trabalha sempre, lembrando, a cada momento, que, assim como o fruto fala da árvore, o serviço é a testemunha do servidor.

# Boa parte

Observa a tua "boa parte" e lembra que podes dilatá-la ao Infinito.

# Escola

Todos somos alunos na escola da experiência. Cada lição conquistada resulta de esforço. Esforço, muitas vezes, encontra dificuldade. Toda dificuldade é um desafio. E, diante de qualquer desafio, antes de tudo, compaixão é a resposta.

# Ignorância

Não te esqueças de que ninguém é ignorante porque o deseje e, estendendo fraternos braços aos que respiram atribulados na sombra, diminuirás a penúria que se extinguirá, por fim, no mundo, quando cada consciência ajustar-se à obrigação de servir sem mágoa e sem exigência.

# Gênio bom

Disponhamo-nos a desculpar os que nos ofenderam, com o sincero propósito de rogar perdão às nossas vítimas. Cultivando a oração com serviço ao próximo, reconheçamos na dificuldade o gênio bom que nos auxilia, a desafiar-nos ao maior esforço.

# Vaidade

O servidor que confia na Lei da Vida reconhece que todos os patrimônios e glórias do Universo pertencem a Deus. Em vista disso, passa no mundo, sob a luz do entusiasmo e da ação no bem incessante, completando as pequenas e grandes tarefas que lhe competem, sem enamorar-se de si mesmo na vaidade e sem escravizar-se às criações de que terá venturoso instrumento.

# Liberdade

Dever observado e cumprido mede o nosso direito de agir com independência. Não existe liberdade e respeito sem obrigação e desempenho. Meditemos na lição para não cairmos de novo sob o antigo e pesado jugo de nossas próprias paixões.

# Excesso

Nem o ódio é justiça, nem a paixão é amor. Tudo o que excede, sem aproveitamento, prejudica a economia da vida.

# Benefício

A vida não reclama o teu sacrifício integral, em favor dos outros, mas, a benefício de ti mesmo, não desdenhes fazer alguma coisa na extensão da felicidade comum.

# Abuso

Se alguém te prejudica pelo abuso de autoridade, pensa que ninguém se desmandaria no poder se meditasse na hora inevitável em que será compelido a fundir todas as vanglórias humanas num punhado de cinzas!...

# Compaixão

Compaixão é a porta que se nos abre no sentimento para a luz do verdadeiro amor, entretanto, notemos: ninguém adquire a piedade sem construí-la.

# Apreciação

A apreciação unilateral é sempre ruinosa. A imperfeição completa, tanto quanto a perfeição integral, não existem no plano em que evolutimos.

# Mundo

Aqui e além, estamos chamados a conviver com os outros, mas vivemos em nós, estruturando os próprios destinos, na pauta de nossa vontade, porque a vida, em nome de Deus, criou em cada um de nós um mundo por si.

# Renovação

Em qualquer plano ou condição de existência, estamos subordinados à lei da renovação. À vista disso, sempre que nos vejamos inclinados a envaidecer-nos por alguma coisa, recordemos que nos achamos inelutavelmente ligados à Vida de Deus que, a benefício de nossa própria vida, ainda hoje tudo pode rearticular, refundir, refazer ou modificar.

# Idiotia

Quando passes diante de um irmão torturado por lesões cerebrais irreversíveis, não lhe voltes o rosto [...]. Quase sempre, o companheiro situado na provação temporária da idiotia é um gênio fulgurante, reencarnado na sombra, a estender-te o pensamento aflito e mudo, necessitado de compaixão.

# Aprendizado

O aprendizado evolutivo não dispensa o trabalho da análise. Olhos são instrumentos para ver. Discernimento exige raciocinar. Todos, porém, que já despertaram para a responsabilidade de construir e elevar são chamados a ver e a raciocinar para o bem comum.

# Temperamento

No que concerne a temperamento, é possível receber as melhores instruções e receitas de calma; entretanto, em última análise, a providência decisiva pertence a nós mesmos.

# Separação

Às vezes, a Providência separa os corações, temporariamente, para que aprendamos o amor divino.

# Labirintos

O amor é a força divina que frequentemente aviltamos. Tomamo-la pura e simples da vida com que o Senhor nos criou e com ela inventamos o ódio e o desequilíbrio, a crueldade e o remorso, que nos fixam indefinidamente nas sombras... Quase sempre, é mais pelo amor que nos enredamos em pungentes labirintos no tocante à Lei... amor mal interpretado... mal conduzido...

# Preparo

Toda realização nobre demanda preparo criterioso.

# Ociosidade

Se patrimônios amoedados te garantem a ociosidade, inspirando alguém a dizer-te que não precisas trabalhar, continua oferecendo ao trabalho o melhor de tuas energias, porque será ele a defensiva contra o tédio e a viciação, capazes de te arruinar a existência.

# Fé inoperante

Que diremos de um motor precioso do qual ninguém se utiliza? de uma fonte que não se movimente para fertilizar o campo? de uma luz que não se irradie? A fé inoperante é problema credor da melhor atenção, em todos os tempos, a fim de que os discípulos do Evangelho compreendam, com clareza, que ideal mais nobre, sem trabalho que o materialize, a benefício de todos, será sempre uma soberba paisagem improdutiva.

# Fração de horas

Tudo favorece ou aflige a criatura terrestre, simplesmente por um pouco de tempo. Muita gente, contudo, vale-se dessa pequenina fração de horas para complicar-se por muitos anos.

# Pacificadores

Precisamos dos artífices da inteligência, habilitados a orientar o progresso das ciências no Planeta. Necessitamos, porém, e talvez mais ainda, dos obreiros do bem, capazes de assegurar a paz no mundo. Não somente daqueles que asseguram o equilíbrio coletivo na cúpula das nações, mas de quantos se consagram ao cultivo da paz no cotidiano.

# Saúde

A saúde não pode voltar ao corpo quando o espírito continua enfermo!

# Palavra

Ainda mesmo que o nosso íntimo permaneça nevoado de problemas, não é aconselhável que a nossa palavra se faça turva ou desequilibrada para os outros.

# Proteção

Somos cuidadosos, salvaguardando o clima doméstico. Dispositivos de alarme, faxinas, inseticidas, engenhos de proteção e limpeza. No entanto, raros de nós se acautelam contra o inimigo que se instala no próprio ser, sob os nomes de canseira, nervosismo, angústia ou preocupação.

# Reequilibrar-se

Se reequilibrarmos o nosso próprio mundo por dentro – esculpindo-lhe a tranquilidade e a segurança em alicerces de compreensão e atividade, discernimento e serviço – perceberemos, de pronto, que as crises externas são fenômenos necessários ao burilamento da vida, para que a vida não se tresmalhe da rota que as Leis do Universo lhe assinalam no rumo da perfeição.

# Supor

Jamais suponhas que a tua dor seja maior que a do vizinho ou que as situações do teu agrado sejam as que devam agradar aos que te seguem. Aquilo que te encoraja pode espantar a muitos e o material de tua alegria pode ser um veneno para teu irmão.

# Esmorecer

Basta plantes o bem para que o bem te responda. Para isso, no entanto, é imperioso agir e perseverar no trabalho.
Nunca esmorecer.

# Predestinação

Não existe a predestinação para o mal. [...] O aluno regressa à escola na condição de repetente ou se encaminha para os exames de segunda época, a fim de se firmar na dignidade do ensino em que se comprometeu.

# Melindre

Combate a tendência ao melindre pessoal com a mesma persistência empregada no serviço de higiene do leito em que repousas. Muita ofensa registrada é peso inútil ao coração. Guardar o sarcasmo ou o insulto dos outros não será o mesmo que cultivar espinhos alheios em nossa casa?

# Perdão

Compreendamos que o esquecimento dos males que nos assediem é defesa de nosso próprio equilíbrio, e que, nos dias em que a injúria nos bata em rosto, o perdão, muito mais que uma bênção para os nossos supostos ofensores, é e sempre será o melhor para nós.

# Transformação

Paixões e ilusões que nos conturbem as horas, e mágoas ou provas que nos calcinem os sentimentos, afiguram-se convulsões necessárias no mundo de nossa alma em transformação e burilamento.

# Passado

O passado, [...], se guarda as virtudes da experiência, nem sempre é o melhor condutor da vida para o futuro.

# Vítimas

Em muitos episódios da vida, aqueles que nos prejudicam, ou nos magoam, frequentemente se encontram de tal modo jungidos à tribulação que, no fundo, sofrem muito mais, pelo fato de nos criarem problemas, que nós mesmos, quando nos supomos vítimas deles.

# Alimentos

A conversa amiga, o gesto afetuoso, a bondade recíproca, a confiança mútua, a luz da compreeensão, o interesse fraternal – patrimônios que se derivam naturalmente do amor profundo – constituem sólidos alimentos para a vida em si.

# Herança

Enquanto não alcançarmos a herança divina a que somos destinados, qualquer descida é sempre fácil... A elevação, porém, é obra de suor, persistência e sacrifício.

# Culpa

A culpa, meu amigo, é sempre uma nesga de sombra eclipsando--nos a visão.

# Crises

Quando as crises te visitem, ante os problemas humanos, é justo medites nos princípios de causa e efeito, tanto quanto é natural reflitas no impositivo de burilamento espiritual, com que somos defrontados, entretanto, pensa igualmente na lei de renovação, capaz de trazer-nos prodígios de paz e vitória sobre nós mesmos, se nos decidimos a aceitar, construtivamente, as experiências que se nos façam precisas.

# Gastar

Na prática legítima do Evangelho não nos cabe apenas gastar o que temos, mas também dar do que somos.

# Objetivo

O objetivo fundamental de nossa presença, em qualquer estância do Universo, é o serviço que possamos prestar.

# Atenção

Renovação e entendimento são cultiváveis no solo da alma, como acontece a qualquer vegetal nobre que não prescinde da cuidadosa atenção do agricultor.

# Êxito

Deus não nos envia problemas de que não estejamos necessitados. Aceitação e paciência, sem fuga ao trabalho, são quase sempre a metade do êxito em qualquer teste a que estejamos submetidos, em nosso proveito próprio.

# Aprimoramento

A vida é curso avançado de aprimoramento, através do esforço e da luta, e se a própria pedra deve sofrer o burilamento para refletir a luz, que dizer de nos mesmos, chamados, desde agora, a exteriorizar os recursos divinos?

# Glória

És uma parcela do Infinito Amor, no rumo da Perfeição Infinita, e o primeiro sinal de que reconheces a excelsitude do teu destino é o esquecimento de ti mesmo, a benefício dos outros. A glória da vida é doação permanente.

# Lembranças

Varre os escaninhos da alma, expurgando-te de lembranças amargas, e deixa que a luz do presente consiga alcançar-te por dentro das próprias forças.

# Antídoto

Não é fácil quebrar antigos preceitos do mundo ou desenovelar o coração, a favor daqueles que nos ferem. Entretanto, o melhor antídoto contra os tóxicos da aversão é a nossa boa vontade, a benefício daqueles que nos odeiam ou que ainda não nos compreendem.

# Mente

Imaginemos a mente como sendo um lago. Se as águas se acham pacificadas e límpidas, a luz do firmamento pode retratar-se nele com segurança. Mas, se as águas vivem revoltas, as imagens se perdem ao quebro das ondas móveis, principalmente quando o lodo acumulado no fundo aparece à superfície.

# Obstáculos

Renova-te e segue adiante, trabalhando e servindo. E à medida que avances, caminho afora, entre a bênção de compreender e o contentamento de ser útil, perceberás que todos os obstáculos e sombras de ontem se fizeram lições e experiências, enriquecendo-te o coração de segurança e de alegria para que sigas em paz, no rumo de conquistas imperecíveis, ante o novo amanhecer.

# Amor

O Amor, meu amigo, é o pão divino das almas, o pábulo sublime dos corações.

# Dor

Se transformações dolorosas, no campo da existência, muita vez nos transfiguram em crisálidas agoniadas de aflição, ao impacto das provações necessárias, a dor é o instrumento invisível de que Deus se utiliza para converter-nos, a pouco e pouco, em falenas de luz.

# Palavras

"Palavras, palavras, palavras..." Esquece aquelas que te incitam à inutilidade, aproveita quantas te mostram as obrigações justas e te ensinam a engrandecer a existência, mas não olvides as frases que te acordam para a luz e para o bem; elas podem penetrar o nosso coração, através de um amigo, de uma carta, de uma página ou de um livro, mas, no fundo, procedem sempre de Jesus, o Divino Amigo das Criaturas.

# Respeito

Não dilapidarás a esperança de ninguém, porquanto a felicidade, no fundo, não é a mesma na experiência de cada um. Reflitamos no bem do próximo, respeitando-lhe a forma e a vida. A Lei não traça especificações ou condições dentro do assunto; preceitua, simplesmente: "não matarás".

# Auxiliar

Renasce agora em teus propósitos, deliberações e atitudes, trabalhando para superar os obstáculos que te cercam e alcançando a antecipação da vitória sobre ti mesmo, no tempo... Mais vale auxiliar, ainda hoje, que ser auxiliado amanhã.

# Preocupações

Analisemos desapaixonadamente os prejuízos que as nossas preocupações injustificáveis causam aos outros e a nós mesmos, e evitemos semelhante desgaste empregando em trabalho nobilitante os minutos ou as horas que, muitas vezes, inadvertidamente, reservamos à aflição vazia.

# Fazer o bem

Em qualquer posição, na qual te vejas, dispões sempre de certa faixa de tempo a fim de fazer o bem aos outros, tanto quanto queiras, como julgues melhor, da maneira que te pareça mais justa e na extensão que desejas, para que, auxiliando aos outros, recebas dos outros mais amplo auxílio, no instante oportuno.

# Renúncia

Sê forte [...], porque a existência exige de nós, algumas vezes, [...] gestos de renúncia ilimitada!

# Tranquilidade

Cada alma é sempre uma incógnita para outra alma. Em razão disso, não será lícito erguer as paredes de nossa tranquilidade sobre os alicerces do sentimento alheio.

# Policiar

Assim como é forçoso defender a atmosfera do lar contra a invasão de agentes destrutivos, é indispensável policiar o âmbito de nossos pensamentos, assegurando-lhes a serenidade necessária.

# Aflição

Valoriza a aflição de hoje, aprendendo com ela a crescer para o bem, que nos burila para a união com Deus, porque o Mestre que te propões a escutar e seguir, ao invés de facilidades no imediatismo da Terra, preferiu, para ensinar-nos a verdadeira ascensão, [...] o supremo testemunho do amor em plena cruz da morte.

# De ti mesmo

Dá, pois, de ti mesmo, de tuas forças e recursos, agindo sem cessar, na instituição de valores novos, auxiliando os outros, a benefício de ti mesmo.

# Direção

Se te diriges para lugares determinados, hesitando quanto ao benefício que te advirá do que pretendas fazer, deixa que Ele, o Senhor, caminhe com teus pés e colocarás a ti mesmo na direção que mais te convenha à consciência tranquila.

# Virtudes

De todas as virtudes, permanecem por maiores a fé, a esperança e a caridade; e a caridade, evidentemente, é a maior de todas; entretanto, urge observar que, se fora da caridade não há salvação, sem compreensão a caridade falha sempre em seus propósitos, sem completar-se para ninguém.

# Ponte

O próximo é a nossa ponte de ligação com Deus.

# Dor maior

Na Terra temos sempre a ilusão de que não há dor maior que a nossa. Pura cegueira: há milhões de criaturas afrontando situações verdadeiramente cruéis, comparadas às nossas experiências.

# Dificuldades

Ante as dificuldades do cotidiano, exerçamos a paciência, não apenas em auxílio aos outros, mas igualmente a favor de nós mesmos.

# Sofrer

Não bastará sofrer. É preciso aproveitar o concurso da dor, convertendo-a em roteiro de luz.

# Sombras

A incompreensão, indiscutivelmente, é assim como a treva perante a luz, entretanto, se a vocação da claridade te assinala o íntimo, prossegue combatendo as sombras, nos menores recantos de teu caminho.

# Zona mental

Nossa zona mental é campo de batalha incessante. É preciso aniquilar o mal e a treva dentro de nós mesmos, surpreendê-los no reduto a que se recolhem, sem lhes dar a importância que exigem.

# Preferência

Tensão, dúvida, angústia, irritação, otimismo, coragem, confiança ou alegria são frutos de nossa preferência no mercado gratuito das ideias, de vez que o fio invisível de nossas ligações com o bem ou com o mal parte essencialmente de nós.

# Humilhar

A luz ofuscante produz cegueira. Se as estrelas da sabedoria e do amor te povoam o coração, não humilhes quem passa sob o nevoeiro da ignorância e da maldade.

# Corpo

A pretexto de atingir a virtude não menosprezes o corpo que te auxilia a conquistá-la. [...] Preserva o teu corpo à feição do trabalhador responsável e consciente que protege o instrumento de serviço que a vida lhe confiou.

# Razão

Diante de todos e de tudo, deixemos que a caridade nos ilumine o crivo da razão, a fim de que não venhamos a perder os melhores valores do tempo e da vida, por ausência de equilíbrio ou falta de amor.

# Sinceridade

Os raios de nossa influência entrosam-se com as emissões de quantos nos conhecem direta ou indiretamente, e pesam na balança do mundo para o bem ou para o mal. Nossas palavras determinam palavras em quem nos ouve, e, toda vez que não formos sinceros, é provável que o interlocutor seja igualmente desleal.

# Escolher

Às vezes, somos constrangidos a suportar certos quadros de luta ou a partilhar o convívio de pessoas que não se nos afinam com a maneira de ser. [...] Entretanto, em qualquer situação, somos livres para escolher os nossos pensamentos.

# Integração

Só o amor é o clima adequado ao entrelaçamento de todos os seres da Criação e somente através dele integrar-nos-emos na sinfonia excelsa da vida.

# Libertar

Tudo devemos fazer por libertar os entes humanos de todas as expressões perturbadoras da vida íntima. Tudo o que nos escravize à ignorância e à miséria, à preguiça e ao egoísmo, à crueldade e ao crime é fortalecimento da treva contra a luz e do inferno contra o Céu.

# Caminho

Pensamento é fermentação espiritual. Em primeiro lugar estabelece atitudes, em segundo gera hábitos e, depois, governa expressões e palavras, através das quais a individualidade influencia na vida e no mundo. Regenerado, pois, o pensamento de um homem, o caminho que o conduz ao Senhor se lhe revela reto e limpo.

# Elevação

O suor do corpo ou a preocupação justa, nos campos de atividade honesta, constituem valiosos recursos para a elevação e defesa da alma.

# Apoio

Diante dos irmãos alterados na fé por essa ou aquela circunstância, usa discrição e caridade em qualquer pronunciamento. Não lhes agraves as inquietações, propondo-lhes problemas novos e nem lhes agites as feridas da alma com apontamentos infelizes. Quando possível, entrega-lhes o pão do otimismo e a luz da esperança, sem reproches desnecessários, ao reerguer-lhes a confiança.

# Incompreensão

Toda vez que a incompreensão nos ameace o trabalho, recordemos que se ele, o Mestre e Senhor, nos exortou a amar os próprios inimigos, decerto espera que venhamos a amar, valorizar, abençoar e entender os nossos amigos cada vez mais.

# Independência

A cada novo dia de tua experiência humana, recebes valioso concurso para que os resultados da presente encarnação te enriqueçam de luz divina pela felicidade que transmites aos outros. És, contudo, uma "árvore consciente", com independência para aceitar ou não os elementos renovadores, com liberdade para registrar a bênção ou desprezá-la.

# Futuro

Deixando a vida futura de estar velada pela dúvida, o homem perceberá melhor que, por meio do presente, lhe é dado preparar o seu futuro.

# Orientar

Os irmãos amadurecidos são chamados a sustentar e orientar os irmãos mais novos de entendimento, e lavrador algum consegue atingir a alegria e a plenitude da colheita abandonando a planta nascente aos caprichos da Natureza, sem o esforço de assistir e o cuidado de cultivar.

# Tristeza

Ninguém é tão infeliz que não possa produzir alguns pensamentos de bondade, nem tão pobre que não possa distribuir alguns sorrisos e boas palavras com os seus companheiros na luta cotidiana. Tristeza de todo instante é ferrugem nas engrenagens da alma. Lamentação contumaz é ociosidade ou resistência destrutiva.

# Paz

Paz não é indolência do corpo.
É saúde e alegria do espírito.

# Materialismo

Não nos iludamos, com respeito às nossas tarefas. Somos todos chamados pela Bênção do Cristo a fazer luz no mundo das consciências – a começar de nós mesmos –, dissipando as trevas do materialismo ao clarão da Verdade, não pelo espírito da força, mas pela força do espírito, a expressar-se em serviço, fraternidade, entendimento e educação.

# Causa e efeito

O perfume embalsama primeiro o vaso que o transporta.

# Fonte criadora

A mente é fonte criadora. A vida, pouco a pouco, plasma em torno de teus passos aquilo que desejas.

# Religião

A Ciência investiga. A Religião crê. Se não é justo que a Ciência imponha diretrizes à Religião, incompatíveis com as suas necessidades do sentimento, não é razoável que a Religião obrigue a Ciência à adoção de normas inconciliáveis com as suas exigências do raciocínio.

# Solo da vida

Na mesma leira de terra dadivosa e neutra, quem acalenta a urtiga recolhe a urtiga que fere, e quem protege o jardim tem a flor que perfuma. O solo da vida é idêntico para nós todos.

# Inspiração

Efetivamente, para cada um de nós surgem lances aflitivos nos quais o nosso livre-arbítrio parece entranhado na sombra, incapaz de escolher entre o bem e o mal. Apesar disso, em meio a todos os desafios no reino da alma, encontraremos no Cristo a inspiração necessária para a resposta justa.

# O Bem

Trabalhe para o bem dos outros para que possa encontrar seu próprio bem.

# União

O amor é o laço de luz eterna que une todos os mundos e todos os seres da imensidade; sem ele, a própria Criação Infinita não teria razão de ser, porque Deus é a sua expressão suprema.

# Ouvir

Auxiliemo-nos mutuamente. Na sementeira da fé aprendamos a ouvir com serenidade para falar com acerto.

# Esforço

Entre o objetivo e a meta, faz-se imperativo o esforço constante e inadiável.

# Falar

Diante do erro, esclarece amando, para que a corrigenda não tenha a força de uma imposição, e sim a luz de uma bênção. Fala, sobretudo, compadecendo-te dos que te ouvem.

# Servir

Para chegar à cultura, filha do trabalho e da verdade, o homem é naturalmente compelido a indagar, examinar, experimentar e teorizar, mas, para atingir a fé viva, filha da compreensão e do amor, é forçoso servir. E servir é fazer luz.

# Desalento

Toda vez que o desalento te assome ao caminho, não deixes que ele ultrapasse as linhas da sugestão distante. Ergue-te em espírito, recordando que deténs a mais alta faculdade da vida: a faculdade de auxiliar.

# Plantar

De Deus vêm a semente, o solo, o clima, a seiva e a orientação para o desenvolvimento da árvore, como também dimanam de Deus a inteligência, a saúde, a coragem e o discernimento do cultivador, mas somos obrigados a reconhecer que alguém deve plantar.

# Adiar

Adiar o bem que podemos realizar é desaproveitar o tempo e furtar o Senhor.

# Influência

Ninguém vive só. Nossa alma é sempre núcleo de influência para os demais. Nossos atos possuem linguagem positiva. Nossas palavras atuam a distância. Achamo-nos magneticamente associados uns aos outros. Ações e reações caracterizam-nos a marcha.
É preciso saber, portanto, que espécie de forças projetamos naqueles que nos cercam.

# Frase

Assim como a lâmpada acesa expulsa as trevas, a tua frase impregnada de amor dissipa as sombras do Espírito, irradiando conformidade e paz, esperança e consolação.

# Chamamentos

Observa em torno de ti e ouvirás múltiplos chamamentos à obra do progresso geral. Ninguém está privado do ensejo de auxiliar o próximo, elevar, consolar, instruir, renovar.

# Natureza

Somos simples usufrutuários da Natureza que consubstancia os tesouros do Senhor, com responsabilidade em todos os nossos atos, desde que já possuamos algum discernimento.

# Felicidade

Quando pudermos distribuir o estímulo do nosso entendimento e de nossa colaboração com todos, respeitando a importância do nosso trabalho e a excelência do serviço dos outros, renovar-se-á a face da Terra, no rumo da felicidade perfeita.

# Encargo

Ninguém está órfão de oportunidade. Em toda parte, há serviço que prestar e o melhor que fazer. O cargo vem à nossa esfera de ação, por efeito da Providência Divina, mas a valorização do encargo parte de nós.

# Serviço

Quando o discípulo está preparado, o Pai envia o instrutor. O mesmo se dá relativamente ao trabalho. Quando o servidor está pronto, o serviço aparece.

# Boa palavra

Sempre que te compenetres da realidade de que toda boa palavra como toda boa dádiva procede originariamente de Deus, carreias o socorro dos Mensageiros Divinos para as necessidades humanas.

# Exasperação

Assume contigo mesmo o compromisso de evitar a exasperação. Junto da serenidade, poderás analisar cada acontecimento e cada pessoa no lugar e na posição que lhes dizem respeito.

# Posses

Quando nos referimos à propriedade, recordamos, de imediato, posses e haveres de expressão material e reconstituímos na lembrança a imagem dos nossos amigos que carregam compromissos com a fortuna terrestre, como se eles fossem os únicos responsáveis pelo equilíbrio do mundo. Entretanto, agindo assim, escorregamos inconscientemente para a fuga de nossos próprios deveres, sem que isso nos isente das obrigações assumidas.

# Obrigações

Não te falta o apoio do Céu e da Terra; todavia, ninguém te consegue isentar das próprias obrigações. [...] O professor explica as regras; no entanto, não te substitui a cabeça na assimilação dos ensinamentos.

# Respostas

Provavelmente estarás retendo, há muito tempo, a esperança torturada. Desejarias que a resposta do mundo aos teus anseios surgisse, imediata, agasalhando-te o coração; entretanto, que paz desfrutarias no triunfo aparente dos próprios sonhos, sem resgatares os débitos que te encadeiam ao problema e à dificuldade?

# Amargura

Esqueçamos ofensas, discórdias, angústias e trevas, para que a raiz da amargura não encontre clima propício no campo em que atuamos.

# Força negativa

A impaciência é comparável à força negativa que, muitas vezes, inclina o enfermo para a morte, justamente no dia em que o organismo entra em recuperação para a cura.

# Imprevidência

Nada existe de inútil na Casa de Nosso Pai. Em toda parte, se há quem necessite aprender, há quem ensine; e onde aparece a dificuldade, surge a Providência. O único desventurado, na obra divina, é o espírito imprevidente, que se condenou às trevas da maldade.

# Filho-problema

Jamais erga a voz para acusar o filho-problema, conquanto nem sempre lhe possas elogiar a conduta. [...] Abençoa-o tantas vezes quantas se fizerem precisas, ensinando-lhe outra vez o caminho da retidão e da obediência, selecionando para isso as melhores palavras que as lutas da vida te hajam gravado no sentimento.

# Necessidades

Todos necessitamos de felicidade e paz; entretanto, felicidade e paz solicitam amor e renovação, tanto quanto o progresso e a vida pedem trabalho harmonioso e benção de sol.

# Conhecimentos

Quanto mais amplitude em nossos conhecimentos, mais responsabilidade em nossas ações. Através de nossos pensamentos, palavras e atos [...] gastamos e transformamos constantemente as energias do Senhor, em nossa viagem evolutiva, nos setores da experiência.

# Condenar

Condenar é cristalizar as trevas, opondo barreiras ao serviço da luz.

# Novo dia

Momentos existem nos quais é impossível desconhecer as nossas falhas; entretanto, tenhamos a devida prudência de situar o mal no passado. Teremos tido comportamento menos feliz até ontem. Hoje, porém, é novo dia.

# Propriedade

No capítulo da propriedade, lembra-te da própria alma – a única posse inalienável de que dispões – e, recordando que precisas e precisarás de recursos sempre maiores e sempre novos para evoluir e elevar a própria vida, não te esqueças de que podes, a todo instante, trabalhar e servir, investindo felicidade e cooperação com ela.

# Amor fraterno

Quando examinamos a desventura de alguém, lembrando as próprias deficiências, há sempre asilo para o amor fraterno no coração.

# Julgar

Antes de tudo, lembra quão difícil é julgar as decisões de criaturas em experiências que divergem da nossa! [...] Como refletir, apropriando-nos da consciência alheia, e como sentir a realidade, usando um coração que não nos pertence?

# Prece

Exporemos em prece ao Senhor os nossos obstáculos, pedindo as providências que se nos façam necessárias à paz e à execução dos encargos que a vida nos delegou; entretanto, suplicaremos também a ele nos ilumine o entendimento, para que lhe saibamos receber dignamente as decisões.

# Crítica

A observação justa é impraticável quando a neblina nos cerca. Amanhã, quando o equilíbrio for restaurado, conseguirás suficiente clareza para que a sombra te não altere o entendimento. Além disso, nos problemas de crítica, não te suponhas isento dela.

# Ofensa

A ofensa é fruto da ignorância ou, mais propriamente, da ausência de luz espiritual, e ninguém pode condenar um viajante que se arroja no pântano, quando caminha sob as trevas.

# Semente

As coisas graves são sempre más e o mal que não se corta pela raiz, com o esclarecimento oportuno, é sempre uma semente de calamidade guardada em nosso coração, para rebentar em lágrimas de amarguras, nas horas inesperadas da vida!

# À frente

O passado é capaz de auxiliar, mas tão-só por recurso de informação. Se duvidas disso, reflete no automóvel de que te serves comumente: o retrovisor colabora apenas para que te esclareças, quanto às advertências da retaguarda, de vez que necessitas permanecer de atenção concentrada no caminho à frente, como quem se vê inevitavelmente chamado para o futuro.

# Previdência

Compreensível o espírito de previdência que induz o homem a se preservar contra a penúria. [...] Essa realidade, patente no plano material, não é menos tangível no reino do Espírito. Urge depositar valores da alma nas reservas da vida, considerando as nossas necessidades de amanhã.

# Terra

A Terra é nossa escola e nossa oficina. A Humanidade é nossa família. Cada dia é o ensejo bendito de aprender e auxiliar.

# Gentileza

A gentileza deve ser examinada, não apenas por chave de ajuste nas relações humanas, mas igualmente em sua função protetora para aqueles que a cultivam.

# Orientação

Não procuremos orientação com os outros para assuntos claramente solucionáveis por nosso esforço. Sabemos que não adianta desesperar ou amaldiçoar... Cada espírito possui o roteiro que lhe é próprio. Saibamos caminhar, portanto, na senda que a vida nos oferece, sob a luz da caridade fraternal, hoje e sempre.

# Autoproteção

Reflitamos nos temas da autoproteção. A fim de nutrir-nos ou aquecer-nos, outros não se alimentam e nem se agasalham em nosso lugar e, por mais nos ame, não consegue alguém substituir-nos na medicação de que estejamos necessitados. Nas questões da alma, igualmente, os reflexos da bondade e as respostas da simpatia hão de ser plantados por nós, se aspiramos à paz em nós.

# Construção

Os que se resguardam na construção da felicidade de todos são aqueles que encontram o próprio destino.

# Lição

Cada dia tem a sua lição. Cada experiência deixa o valor que lhe corresponde. Cada problema obedece a determinado objetivo.

# Solidariedade

Nossos lares terrestres são cadinhos de purificação dos sentimentos ou templos de união sublime, a caminho da solidariedade universal. Muito lutamos e padecemos, até adquirir o verdadeiro título de irmão. Somos todos uma só família, na Criação, sob a bênção providencial de um Pai único.

# Reflexos mentais

Cada qual de nós vive e respira nos reflexos mentais de si mesmo, angariando as influências felizes ou infelizes que nos mantêm na situação que buscamos...

# Adversários

Temos, efetivamente, duas classes de adversários, aqueles que não concordam conosco e aqueles outros que suscitamos com a nossa própria cultura de intolerância. Os primeiros são inevitáveis. Repontam da área de todas as existências, mormente quando a criatura se encaminha para diante nas trilhas de elevação. [...] O segundos, porém, são aqueles cujo aparecimento podemos e devemos evitar.

# Preguiça

Na preguiça está sediada a gerência do mal.

# Irritar-se

Não te irrites... Quem trabalha pode contar com o tempo. Se a crise sobrevém na hora a que te consagras, pede a Deus não apenas te abençoe a realização em andamento, mas também a força precisa para que saibas compreender e servir, suportar e esperar.

# Imunização

Quando Jesus nos recomendou amar os inimigos estava muito longe de induzir-nos à conivência com o mal, e sim nos entregava a fórmula ideal do equilíbrio com a paz da imunização.

# Eu

Aprende a participar da luta coletiva. Sai, cada dia, de ti mesmo, e busca sentir a dor do vizinho, a necessidade do próximo, as angústias de teu irmão e ajuda quanto possas. Não te galvanizes na esfera do próprio "eu". Desperta e vive com todos, por todos e para todos, porque ninguém respira tão-somente para si.

# Fraternidade

Boa vontade e cooperação representam as duas colunas mestras do edifício da fraternidade humana.

# No lugar

Não te colocarás tão-somente no lugar do irmão necessitado de socorro material para que lhe compreendas a indigência com segurança; situar-te-ás também na posição daquele que te ofende para que lhe percebas a penúria da alma, de modo a que lhe estendas o concurso possível. Habitualmente, aquele que te fere pode estar nos mais diversos graus de dificuldade e perturbação.

# O melhor

Aguarda o melhor da vida, oferecendo à vida o melhor que puderes.

# Oportunidade

Recebes da Divina Providência o tesouro das horas, o apoio do conhecimento, a possibilidade de agir, o benefício do relacionamento, mas a formação da oportunidade para que te realizes nas próprias esperanças depende de ti.

# Ação e reação

A lei é de ação e reação...
A ação do mal pode ser rápida, mas ninguém sabe quanto tempo exigirá o serviço da reação, indispensável ao restabelecimento da harmonia soberana da vida, quebrada por nossas atitudes contrárias ao bem...

# Convite

À frente de qualquer desafio, recordemos que todo problema é um convite da vida, em nome de Deus, para que venhamos a compreender mais amplamente, melhorar sempre e servir mais.

# Pensar

Nossos pensamentos são paredes em que nos enclausuramos ou asas com que progredimos na ascese. Como pensas, viverás.

# Aquisições

Em qualquer tarefa de melhoria e elevação, em que esperemos novas aquisições de paz e alegria, felicidade e segurança, não nos esqueçamos de que a possibilidade nasce de Deus e que o trabalho vem de nós.

# Avareza

Ninguém nasce no planeta simplesmente para acumular moedas nos cofres ou valores nos bancos. É natural que a vida humana peça o concurso da previdência, e é justo que não prescinda da contribuição de mordomos fiéis, que saibam administrar com sabedoria; mas ninguém será mordomo do Pai com avareza e propósitos de dominação.

# Perseguição

A perseguição gratuita habitualmente estabelece condições para que o apoio de nossos verdadeiros amigos se levante junto de nós, para união mais íntima e realizações mais amplas.

# Convivência

Quanto mais nos adentramos no conhecimento de nós mesmos, mais se nos impõe a obrigação de compreender e desculpar, na sustentação do equilíbrio em nós e em torno de nós. Daí a necessidade da convivência, em que nos espelhamos uns nos outros, não para criticar-nos, mas para entender-nos, através de bendita reciprocidade, nos vários cursos de tolerância, em que a vida nos situa, no clima da evolução terrestre.

# Amigos

Quem ajunta amigos, amontoa amor.

# Serenidade

Para muitos, a serenidade é a preguiça vestida de belas palavras. Os que vivem, porém, acordados para as responsabilidades que lhes são próprias, sabem que paciência é esperança operosa: recebem obstáculos por ocasiões de trabalho e provações por ensinamentos.

# Elevar-se

O céu beatífico e estanque existe apenas na mente ociosa daqueles que pretendem progresso sem trabalho e paz sem esforço. Tudo é criação, beleza, aprimoramento, alegria e luz incessantes na obra de Deus, a expressar-se, divina e infinita, através daqueles que se elevam para o infinito Amor.

# Confiando

Confiando nos ensinamentos do Cristo e praticando-os como se faz necessário, a criatura edificará a sua própria felicidade; entretanto, [...] no auxílio ao homem, a fé nas lições de Jesus só vale devidamente se for usada.

# Conversações

Nem todas as horas são adequadas ao rumo da ternura na esfera das conversações leais. A palestra de esclarecimento reclama, por vezes, a energia serena em afirmativas sem indecisão; entretanto, é indispensável grande cuidado no que concerne aos comentários posteriores.

# Importância

O mal não merece a coroa das observações sérias. Atribuir-lhe grande importância nas atividades verbais é dilatar-lhe a esfera de ação.

# Reconhecer

Na cultura da paz, saibamos sempre [...] reconhecer que as nossas dores e provações não são diferentes daquelas que visitam o coração do próximo.

# Impaciência

Quando os problemas do mundo te afogueiem a alma, não abras o coração à impaciência, que ela é capaz de arruinar-te a confiança.

# Compartilhar

A árvore que plantas produzirá não somente para a tua fome, mas para socorrer as necessidades de muitos. A luz que acendes clareará o caminho não apenas para os teus pés, mas igualmente para os viajores que seguem ao teu lado.

# Confidência

Se um amigo te confia decepções e pesares, recorda que o doente procura o médico para reduzir a enfermidade ou suprimi-la e não lhe piores a angústia, pronunciando frases sombrias.

# Cada um

Buscando a consideração de pacificadores, guardemos a certeza de que a paz verdadeira não surge, espontânea, de vez que é e será sempre fruto do esforço de cada um.

# Reconciliação

Toda vez que oferecemos raciocínio e sentimento ao bem, Jesus nos concede quanto se faça necessário ao êxito. Tome a iniciativa. Empreender ações dignas, quaisquer que sejam, representa honra legítima para a alma. Recorde o Evangelho e vá buscar o tesouro da reconciliação.

# Inimigos

Não enxergues inimigos nos semelhantes de entendimento imperfeito. Muitos deles não saíram ainda do jardim de infância espiritual.

# Desentendimento

O desentendimento é a oportunidade que, muitas vezes, favorece a supressão de pequeninos obstáculos, antes de se formarem obstáculos maiores.

# Doação

Deus constantemente algo te dá, entretanto só conservarás e multiplicarás os talentos recebidos através das doações que fizeres. Isso, na essência, quer dizer: Deus te dá para que dês.

# Milhares

Milhares de olhos observam-te os passos, milhares de ouvidos escutam-te a voz e milhares de corações recebem-te os estímulos para o bem ou para o mal. "Ninguém, vive para si..." (...)

# Ondas

Cada inteligência emite as ideias que lhe são peculiares, a se definirem por ondas de energia viva e plasticizante, mas, se arroja de si essas forças, igualmente as recebe, pelo que influencia e é influenciada.

# Tempo

O tempo é o nosso mais valioso recurso perante a vida; mas tempo, sem atividade criadora, tão-somente nos revela o descaso perante as Concessões Divinas. Se não acreditas no poder do trabalho, observa a tarefa que realizas, junto de outra que ficou por fazer.

# Pensamento

O pensamento é força viva, em toda parte; é atmosfera criadora que envolve o Pai e os filhos, a Causa e os Efeitos, no Lar Universal. Nele, transformam-se homens em anjos, a caminho do Céu, ou se fazem gênios diabólicos, a caminho do inferno.

# Parentes

Os parentes são obra de amor que o Pai Compassivo nos deu a realizar. Ajudemo-los, através da cooperação e do carinho, atendendo aos desígnios da verdadeira fraternidade. Somente adestrando paciência e compreensão, tolerância e bondade, na praia estreita do lar, é que nos habilitaremos a servir com vitória, no mar alto das grandes experiências.

# Fracasso

Nos dias de desacerto, ainda quando te reconheças na sombra do fracasso, levanta-te, reinicia a tarefa [...] na convicção de que o erro superado nos ensina indulgência, amolecendo-nos o coração, a fim de que venhamos a entender e desculpar as faltas possíveis dos semelhantes.

# Recanto

Assegures a harmonia de teu recanto. Seja ele uma casa de vastas dimensões, um pequeno apartamento ou apenas um ângulo de quarto estreito, esse é o teu mundo pessoal que povoas mecanicamente com as tuas forças mentais consubstanciadas naquilo que sentes e sonhas. É razoável que coloques nele o que possuas de melhor.

# Pessimismo

Se não sabes cultivar a verdadeira fraternidade, serás atacado fatalmente pelo pessimismo, tanto quanto a terra seca sofrerá o acúmulo de pó.

# Sacrifício

Todo sacrifício edificante no mundo expressa enriquecimento de nossas almas na Vida Eterna...

# Problemas

Nossos problemas nem sempre são tão grandes quanto a nossa incapacidade de nos desfazermos deles.

# Egoísmo

Enquanto nos demoramos na escura fase do apego exclusivo a nós mesmos, encarceramo-nos no egoísmo e exigimos que os outros nos amem. Nesse passo infeliz, não sabemos querer senão a nós próprios, tomando os semelhantes por instrumentos de nossa satisfação.

# Luz

Disse-nos o Cristo: "Sois a luz do mundo." E toda criatura é uma fonte de luz por ser, em si, uma fonte de amor.

# Consciência

Guarda a serenidade e prossegue agindo na extensão do bem, porque, resguardando a consciência tranquila, terás nos recessos da própria alma a paz de Cristo que ninguém destruirá.

# Curar-se

Meditemos no esforço generoso daqueles que nos amparam e saibamos colaborar com eles, a benefício nosso. O enfermo mais ricamente assistido deve cooperar com o médico que o atende, para que se possa curar.

# Companheiro

Se realmente amamos o companheiro de caminho, a paisagem de vida se modifica, de vez que a claridade do amor nos banhará a visão. Ama, pois, e assim como a lama jamais ofende a luz, a ofensa não mais te alcançará.

# Rebeldia

Rebeldia é orgulho impondo cegueira ao coração. Não há progresso sem esforço, vitória sem luta, aperfeiçoamento sem sacrifício, como não existe tranquilidade sem paciência.

# Todos

Ninguém se aperfeiçoa sem o concurso de alguém. Não te iludas com o jogo das aparências. Deus te situa junto de todos, porque precisas do amparo de todos, e, de algum modo, todos os que te cercam necessitam de ti.

# Desânimo

Uma hora de desânimo é capaz de arrojar-te a largo tempo de angústia, enquanto um minuto de cooperação no amparo a outrem pode ser o ponto fulgurante de partida para mais altos destinos.

# Todo dia

Otimismo e esperança, nobreza de caráter e puras intenções atraem preciosas oportunidades de serviço, em nosso favor.
Todo dia é tempo de semear.
Todo dia é tempo de colher.

# Obediência

Medita na tolerância maternal da Natureza que transforma o carvão em diamante, através de décadas e décadas de silêncio, e traça caminhos na pedra usando a persistência da gota d'água. Não interpretes a disciplina por tirania e nem acuses a obediência de escravidão.

# Compromissos

Frequentemente, aparecem os companheiros que se dizem inabilitados para a tarefa que se lhes conferiu. Assumiram compromissos de que se afastam nas primeiras dificuldades, alegando incompetência. [...] Se repontam horas de crise nos encargos que te competem, mantém-te firme no lugar de trabalho em que o mundo te colocou e cultiva a certeza de que não te faltará auxílio para a concretização do bem a que te dedicas.

# Trabalho

Para mãos dignas jamais faltará trabalho digno. Contemos com a proteção do Senhor e marchemos com desassombro. Enxuga o pranto e ergue-te em espírito à Fonte do Sumo Bem!...

# Cólera

Não farias explodir uma bomba dentro de casa, comprometendo a vida daqueles que mais amas. No entanto, por vezes, não vacilamos em detonar a dinamite da cólera, aniquilando as energias dos companheiros que nos trazem apoio e cooperação.

# Deus

Afinal, que possuímos que não devemos a Deus? A própria vida de que dispomos se reveste de tanta grandeza e de tanta complexidade, que só a loucura ou a ignorância não reconhecem a Divina Sabedoria em seus fundamentos.

# Pedidos

Não solicites o desaparecimento das pedras de teu caminho. Insiste na recepção de pensamentos que te ajudem a aproveitá-las. Não supliques a extinção das dificuldades. Procura meios de superá-las, assimilando-lhes as lições. Nada existe sem razão de ser.

# Finalidade

Quando o Pai nos convoca a determinado lugar, é que lá nos aguarda alguma tarefa. Cada situação, na vida, tem finalidade definida. [...] Desde que nossos pensamentos visem à prática do bem, não será difícil identificar as sugestões divinas.

# Medida

Ninguém possui medida bastante capaz, a fim de avaliar as dificuldades alheias.

# Reconsideração

Alguns instantes de reconsideração e perceberemos que, em muitas ocasiões, nós mesmos sobrecarregamos a mente de inquietações, com as quais, em verdade, nada temos que ver. [...] Imunizemo-nos contra a absorção de venenos mentais, em cuja formação não tivemos o menor interesse.

# Tolerância

É impossível qualquer ação de conjunto, sem base na tolerância.

# Piedade

De todos os tesouros que a Divina Providência te confiou, um deles é a piedade que podes libertar como um rio de bênçãos das nascentes do coração. Compadecemos-nos facilmente dos irmãos tombados em necessidades materiais, cujos padecimentos nos sacodem as fibras mais íntimas, mas é preciso igualmente nos condoamos daqueles outros que se sentam diante da mesa farta arrasados de angústias, à face das provações que lhes desabam na vida.

# Complicações

Nas crises das boas obras, é preciso [...] aprender a recomeçar vezes e vezes. Sofrer e seguir adiante. Contar com dificuldade, censura, impedimento, solidão. [...] Não percas tempo, chorando ou lastimando quando é justamente a hora de agir. Perante as complicações inevitáveis, é imperioso que te disponhas a colaborar com mais segurança na vitória do bem.

# Inércia

A paz não é conquista da inércia, mas sim fruto do equilíbrio entre a fé no Poder Divino e a confiança em nós mesmos, no serviço pela vitória do bem.

# Confiar

A força coagulante de teus pensamentos, nas realizações que empreendes, procede de ti mesmo, das entranhas de tua alma, porque somente aquele que confia consegue perseverar no levantamento dos degraus que o conduzirão à altura que deseja atingir.

# Circunstâncias

Atravessas circunstâncias, por vezes difíceis, de modo a conheceres o sabor da vitória sobre ti mesmo.

# Individualidade

Cada um de nós é um mundo por si, porque o Criador nos dotou a cada um de características individuais, inconfundíveis. Tenhamos, assim, suficiente cautela para não ferir a independência pessoal daqueles a quem amamos, neles enxergando filhos de Deus, quanto nós próprios, com necessidades semelhantes às nossas, guardando o direito de construir suas vidas, segundo o preço das experiências que se proponham a pagar.

# Expiação

A expiação não seria necessária no mundo, para burilamento da alma, se compreendêssemos o bem, praticando-o por atos, palavras e pensamentos.

# Duvidar

Quem duvida de si próprio, perturba o auxílio divino em si mesmo. Ninguém pode ajudar àquele que se desajuda.

# Ascensão

Quanto mais sacrifício com serviço incessante pela felicidade dos corações que o Senhor nos confia, mais elevada ascensão à glória do Amor Divino.

# Conversar

Conversação, na essência, é permuta de almas. Através da palavra, damos e recebemos. Isso, porém, não se refere a doações e recepções teóricas. Entendendo-nos uns com os outros, fornecemos e adquirimos determinados recursos de espírito, que influirão em nossa conduta, e a nossa conduta forma a corrente de planos, coisas, encontros e realizações que nos determinarão o destino.

# Essência

A rotulagem não tranquiliza. Procuremos a essência.

# Distúrbios

Não vos entregueis a distúrbios do pensamento ou da palavra. A aflição não constrói, a ansiedade não edifica. Saibamos ser dignos do clarim do Senhor, atendendo-lhe a vontade divina no trabalho silencioso, em nossos postos.

# Intervenções

Nenhuma criatura se sente feliz com as nossas intervenções indébitas, no sentido de lhes cercear a liberdade de tentar, por si mesmas, a construção da própria felicidade.

# Ajuntar

Não basta ajuntar valores materiais para a garantia da felicidade. [...] É que o homem não se aprovisiona de reservas espirituais à custa de máquinas. Para suportar os atritos necessários à evolução e aos conflitos resultantes da luta regenerativa, precisa alimentar-se com recursos da alma e apoiar-se neles.

# Escutar

Às vezes, há muito mais caridade na atenção que no conselho. Fraternalmente, escuta o que se te diga e observa o que vês, sem escandalizar os interlocutores ou ferir os companheiros de romagem terrestre, opondo-lhes censuras ou contraditas que apenas lhes agravariam as dificuldades e os problemas.

# Educação

Sem o tesouro da educação pessoal é inútil a nossa penetração nos céus, porquanto estaríamos órfãos de sintonia para corresponder aos apelos da Vida Superior.

# Livres

Todos somos livres para desejar, escolher, fazer e obter, mas todos somos também constrangidos a entrar nos resultados de nossas próprias obras.

# Sabedoria

Toda criatura [...] deve proceder como a abelha, acercando-se das flores da vida, que são as almas nobres, no campo das lembranças, extraindo de cada uma a substância dos bons exemplos, para adquirir o mel da sabedoria.

# Pausar

Pausar para refletir ou refazer. Nunca estacionar para censurar ou lamentar.

# Evolução

Não te apaixones pelo progresso sem amor. De que te valeria palmilhar, por meses e meses, um deserto formado em pepitas de ouro, sem a bênção da fonte, ou residir num palácio sem luz? Atende à evolução para aperfeiçoar a vida, mas cultiva a fé e a paciência, a humildade e a compreensão que te balsamizem o espírito, porque não existe felicidade sem amor e não existe amor, sem responsabilidade, fora das Leis de Deus.

# Ações

O homem é livre, mas responsável, e pode realizar o que deseje, mas estará ligado inevitavelmente ao fruto de suas próprias ações.

# Ajudar

O contentamento de ajudar é um dos sinais de nossa fé.

# Desilusões

Desilusões talvez te aniquilaram o canteiro em que cultivavas os primeiros rebentos da esperança e da fé viva; entretanto, se te dispões à renovação necessária, nada te impede de rearticulá-lo com segurança em bases de novo esforço e sementes novas.

# O Mal

Fazendo mal aos outros, praticamos o mal contra nós mesmos. [...] Ferindo os outros, na essência estamos ferindo a obra de Deus, de cujas leis soberanas nos fazemos réus infelizes, reclamando quitação e reajuste.

# Fé

Equilíbrio ser-nos-á o clima de entendimento, em todos os assuntos que se relacionem à Fé e à Cultura, ou estaremos sempre ameaçados pelo deserto da descrença ou pelo charco do fanatismo.

# Ideia

Dentro do nosso mundo individual, cada ideia é como se fora uma entidade à parte... [...] Nutrindo os elementos do bem, progredirão eles para nossa felicidade, constituirão nossos exércitos de defesa; todavia, alimentar quaisquer elementos do mal é construir base segura para os nossos inimigos verdugos.

# Conviver

Ninguém progride ou se aperfeiçoa sem o contato social, o que vale afirmar que é preciso não apenas saber viver, mas também conviver.

# Pais

Não importa que o filho--problema te arranque lágrimas de aflição se o abraças na condição da criatura eterna que Deus te deu a encaminhar. Não existe sofrimento na abnegação, em favor de pais incompreensivos, se a eles te consagras na certeza de que os encontraste por benfeitores a que Deus te guiou, a fim de que os entendas e auxilies no reajustamento necessário.

# Ausência

Na ausência do Sol, uma vela consegue acender milhares de outras, removendo o assédio da escuridão.

# Contratempos

Pessimismo e azedume transformam pequeninos contratempos da vida em desastres grandes do coração.

# Extremismo

Um coração medroso congela o trabalho. Um coração temerário incendeia qualquer serviço. Arrasando-o. Busquemos, pois, o equilíbrio com Jesus e fugiremos, naturalmente, ao extremismo, que é sempre o escuro sinal da desarmonia ou da violência, da perturbação ou da morte.

# Comando

Somos todos capazes de fazer cessar em nós qualquer indução à indisciplina ou à desordem. Cada qual pode assumir as rédeas do comando íntimo e estabelecer com a própria consciência o encargo de calafetar com a bênção do serviço e da prece todas as brechas da alma.

# Aceitar

Aceita a responsabilidade em tuas mãos ou as provas que o tempo te trouxe por trabalho que Deus te confia, trabalhando e servindo, compreendendo e auxiliando aos outros, por amor a Deus e mais depressa te desfarás de quaisquer sombras do passado, liquidando débitos e culpas, em serviço de amor a Deus, porque o amor a Deus se te fará luz no coração, fazendo-te viver ao sol do porvir.

# Analisar

Quando analisares qualquer ocorrência menos feliz, procura ver o bem que permanece vivo e ativo por trás do mal aparente que supostamente esteja dominando a situação.

# Queda

Toda vez que caímos ao longo do caminho, favorecendo o mal ou praticando-o, efetuamos uma intervenção indébita na Lei de Deus, com a nossa liberdade relativa, contraindo uma dívida com o peso dos infortúnios.

# Moldes

Nossos pensamentos, palavras, atitudes e ações constituem moldes mentais para os que nos acompanham. Cada dia, por nossa vez, sofremos a influência alheia na construção do próprio destino. E, como recebemos conforme atraímos, e colhemos segundo plantamos, é imprescindível saibamos fornecer o melhor de nós, a fim de que os outros nos proporcionem o melhor de si mesmos.

# Sofrimentos

Se podes enxergar os conflitos impostos ao mundo pelo materialismo que vem desfibrando o ânimo de tantas criaturas, enternece-te com os sofrimentos de quantos se encontram nas faixas do subdesenvolvimento espiritual e trabalhemos nas novas construções de fé.

# Caridade

A caridade não depende da bolsa. É fonte nascida no coração.

# Dever cumprido

Esforço e dedicação constituem ingredientes inevitáveis no encargo que te foi confiado, afim de que obtenhas o êxito que denominamos por "dever cumprido perante Deus".

# Referências bibliográficas

A seleção de frases e pensamentos foi realizada a partir das seguintes obras editadas pela Federação Espírita Brasileira: *Ação e Reação, Ceifa de Luz, Encontro Marcado, Fonte Viva, Há Dois Mil Anos* e *Nosso Lar*. A pedido da FEB, os trechos citados foram reproduzidos fielmente, mantendo inclusive a grafia e a acentuação dos textos originais.

Frases extraídas de *Ação e Reação:* Ação e reação: cap. 9; Ascensão: cap. 14; Conhecimentos: cap. 7; Criações: cap. 2; Culpa: cap. 2; Destino: cap. 2; Dívidas: cap. 2; Elevar-se: cap. 11; Empréstimos: cap. 7; Gênio bom: cap. 2; Inércia: cap. 3; Justiça: cap. 2; Labirintos: cap. 2; Libertar: cap. 4; O Mal: cap. 14; Mente: cap. 2; Natureza: cap. 7; Reflexos mentais: cap. 8; Sacrifício: cap. 14; Solo da vida: cap. 5; Trabalho: cap. 14.

Frases extraídas de *Ceifa de Luz:* À frente: cap. 45; Aceitar: cap. 62; Acomodar-se: cap. 12; Aconselhar-se: cap. 12; Adversários: cap. 48; Aflição: cap. 27; Ajuntar: cap. 37; Amargura: cap. 42;

Frases extraídas de *Encontro Marcado*: Abuso: cap. 45; Ações: cap. 53; Analisar: cap. 2; Aprendizado: cap. 2; Atenção: cap. 17; Ausência: cap. 3; Boa palavra: cap. 37; Causa e Efeito: cap. 38; Cólera: cap. 14; Comando: cap. 3; Complicações: cap. 12; Confidência: cap. 2; Conforto: cap. 47; Construção: cap. 58; Contratempos: cap. 2; Conversar: cap. 8; Convite: cap. 57; Conviver: cap. 2; Curar-se: cap. 56; Desalento: cap. 21; Desânimo: cap. 21; Desentendimento: cap. 57; Desilusões: cap. 4; Dever cumprido: cap. 1; Dificuldades: cap. 42; Direção: cap. 60; Dor: cap. 18; Elo: cap. 47; Erro: cap. 50; Escola: cap. 45; Escolher: cap. 41; Escutar: cap. 8; Falar: cap. 38; Filho-problema: cap. 34; Força negativa: cap. 29; Frase: cap. 37; Glória: cap. 43; Humildade: cap. 49; Idiotia: cap. 52; Impaciência: cap. 29; Incompreensão: cap. 40; Individualidade: cap. 9; Inspiração: cap. 60; Inspiradores: cap. 48; Intervenções: cap. 9; Irritar-se: cap. 29, 12; Livres: cap. 53; Mortos: cap. 24; Mundo: cap. 44; O melhor: cap. 29; Obediência: cap. 18; Objetivo: cap. 43; Obrigações: cap. 59; Ociosidade: cap. 26; Ofensa: cap. 58; Ondas: cap. 41; Oração: cap. 50; Orientar: cap. 39; Paciência: cap. 46; Pausar: cap. 5; Perseguição: cap. 57; Policiar: cap. 42; Por si só: cap. 49; Predestinação: cap. 6; Preferência: cap. 41; Preocupações: cap. 42; Previdência: cap. 30; Problemas: cap. 57; Progresso: cap. 49; Propriedade: cap. 30; Proteção: cap. 44; Razão: cap. 8; Rebeldia: cap. 18; Recanto: cap. 19; Reconsideração: cap. 13; Serenidade: cap. 29; Temperamento: cap. 44; Tempo: cap. 21; Transformação: cap. 43.

Frases extraídas de *Fonte Viva*: Ação: cap. 20; Adiar: cap. 119; Ajudar: cap. 178; Amigos: cap. 150; Antídoto: cap. 56; Aperfeiçoamento: cap. 13; Apreciação: cap. 32; Aprimoramento: cap. 54; Auxiliar: cap. 56; Benefício: cap. 28; Boa parte: cap. 25; Caminho: cap. 76; Caridade: cap. 9; Companheiro: cap. 159; Compartilhar: cap. 154; Comunhão: cap. 21; Condenar: cap. 135; Confiar: cap. 165; Conversações: cap. 151; Conversão: cap. 19; Crítica: cap. 135; De ti mesmo: cap. 71; Desatar: cap. 1; Duvidar: cap. 165; Educação: cap. 177; Egoísmo: cap. 159; Esforço: cap. 103; Espírito Divino: cap. 4; Essência: cap. 170; Eu: cap. 143; Exasperação: cap. 123; Extremismo: cap. 134; Fé inoperante: cap. 39; Felicidade: cap. 122; Fonte criadora: cap. 86; Fração de horas: cap. 42; Fraternidade: cap. 144; Frutificação: cap. 19; Gastar: cap. 53; Gotas: cap. 9; Herança: cap. 52; Humilhar: cap. 72; Importância: cap. 151; Independência: cap. 78; Influência: cap. 108; Inimigos: cap. 152; Julgar: cap. 135; Laços: cap. 22; Lição: cap. 141; Marchar: cap. 3; Meditação: cap. 1; Melindre: cap. 47; Milhares: cap. 154; Moldes:

cap. 161; Movimentação: cap. 15; Opinião: cap. 16; Orientação: cap. 138; Palavra: cap. 43; Palavras: cap. 51; Parentes: cap. 156; Passado: cap. 50; Paz: cap. 79; Pedidos: cap. 162; Pensar: cap. 149; Pessimismo: cap. 158; Ponte: cap. 71; Preguiça: cap. 142; Respostas: cap. 129; Riquezas: cap. 23; Silêncio: cap. 34; Sinceridade: cap. 76; Sombras: cap. 72; Supor: cap. 47; Terra: cap. 139; Todo dia: cap. 160; Tolerância: cap. 163; Tranquilidade: cap. 65; Tristeza: cap. 102; Vaidade: cap. 26; Vida interior: cap. 18.

Frases extraídas de *Há Dois Mil Anos*: Defesa: primeira parte, cap. X; Expiação: segunda parte, cap. IX; Lei: primeira parte, cap. V; Queda: segunda parte, cap. IX; Renúncia: segunda parte, cap. II; Saúde: segunda parte, cap. II; Semente: segunda parte, cap. VII; União: segunda parte, cap. VI.

Frases extraídas de *Nosso Lar*: Alimentos: cap. 18; Amor: cap. 18; Amor fraterno: cap. 30; Alma: Mensagem de André Luiz; Arrependimento: cap. 4; Avareza: cap. 30; O Bem: cap. 25; Distúrbios: cap. 41; Dor maior: cap. 19; Elevação: cap. 21; Excesso: cap. 12; Finalidade: cap. 40; Ideia: cap. 47; Imprevidência: cap. 50; Pensamento: cap. 37; Realização: cap. 7; Reconciliação: cap. 35; Sabedoria: cap. 50; Separação: cap. 15; Serviço: cap. 26; Simpatia: cap 13; Solidariedade: cap. 30; Vida: Mensa- Luiz; Zona mental: cap. 47.